Bwyd o bedwar ban y byd

gan Jane Asher

Addasiad Cymraeg gan Dafina Williams

Sut i wneud bwyd diddorol o wahanol wledydd yn y byd

KV-513-222

Darllenwch y dudalen hon a thudalen 3 cyn gwneud dim byd.

Cofiwch ddarllen y rysáit i gyd cyn dechrau coginio.

Mae angen y rhain i wneud rhai o'r bwydydd:

crwst parod, briwsion bara, caws wedi ei ratio,

nionod/winwns wedi eu torri'n fân, persli, reis wedi ei ferwi.

Sut i ddarllen y ryseitiau

Rysáit: Rysáit sy'n dweud wrthych sut i wneud rhywbeth i'w fwyta.

Cynhwysion: Dyma'r bwydydd y bydd rhaid eu cael yn barod.

Offer: Offer yw'r pethau y bydd rhaid i chi eu defnyddio, fel cyllell, powlen neu jwg.

Dull: Mae'r dull yn dweud wrthych sut i ddefnyddio cynhwysion ac i baratoi'r bwyd.

Sut i ddefnyddio'r ryseitiau

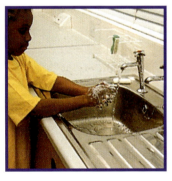

1. **Cofiwch olchi eich dwylo cyn dechrau coginio.**

2. **Pwyswch y cynhwysion cyn dechrau coginio.**

3. **Os bydd rhaid pobi, trowch y popty/ffwrn ymlaen cyn dechrau.**

4. **Gall coginio fod yn beryglus. Gofalwch:**
    - **fod oedolyn yn gofalu amdanoch**
    - **gymryd gofal wrth ddefnyddio cyllyll miniog, sosbenni a ffwrn neu bopty poeth.**

5. **Wedi i chi orffen, cofiwch olchi eich dwylo a chadw popeth.**

Symbolau yn y llyfr hwn

 Mae'r symbol hwn yn dweud y dylech gymryd gofal arbennig. Rhaid cael oedolyn i ofalu amdanoch.

 Mae'r symbol hwn yn dweud wrthych am wisgo menyg popty.

Sut i baratoi rhai bwydydd

Gratio caws

 Gwyliwch eich bysedd!

Gwneud briwsion bara

 Gwyliwch eich bysedd!

Golchi salad

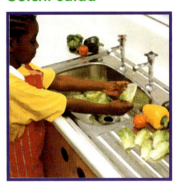

Gwahanu gwynwy a melynwy

1. Rhaid cael cwpan neu bowlen wrth eich ochr.
2. Torrwch yr wy yn ofalus trwy ei daro ar ochr y bowlen.

3. Daliwch yr wy dros y bowlen a thynnwch y ddau hanner oddi wrth ei gilydd yn ofalus. Peidiwch â gadael i'r melynwy fynd i'r bowlen.

4. Tywalltwch y melynwy yn ysgafn o un hanner y plisgyn i'r hanner arall ac yna yn ôl.
   Gadewch i'r gwynwy ddiferu i'r bowlen.
5. Dim ond y melynwy fydd ar ôl yn y plisgyn.

Berwi reis

1. Llenwch hanner y sosban â dŵr.

2. Berwch y dŵr.

3. Rhowch y reis yn y dŵr a berwch y dŵr eto.

4. Trowch y gwres i lawr a rhowch gaead ar y sosban.

5. Ar ôl rhyw 20 – 30 munud bydd y reis yn feddal. Rhowch y reis mewn rhidyll a draenio'r dŵr.

Brechdan tiwna a salad

Dangosodd gwraig fy mrawd i mi sut i wneud brechdan tiwna a salad yn null pobl America.

Roeddwn yn meddwl bod rhoi picl Branston yn y frechdan yn beth rhyfedd. Ond mae hi'n frechdan dda iawn.

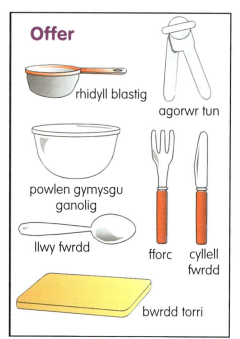

Offer

rhidyll blastig

agorwr tun

powlen gymysgu ganolig

llwy fwrdd

fforc

cyllell fwrdd

bwrdd torri

Digon i 4

Cynhwysion

4 deilen o letys ffres

8 tafell o fara gwenith cyflawn â menyn arno

200g o diwna mewn dŵr hallt

2 llwy fwrdd o *mayonnaise*

½ darn o seleri

2 lwy fwrdd o bicl Branston

1 winwnsyn/nionyn wedi'i dorri'n fân

Dull

1

⚠️ Gofynnwch i oedolyn eich helpu i agor y tun tiwna. Draeniwch yr hylif i lawr y sinc.

2

Rhowch y tiwna yn y bowlen gymysgu.

3

⚠️ Torrwch y seleri yn ddarnau mân ar y bwrdd torri.

4

Cymysgwch y seleri, y nionyn/winwnsyn a'r tiwna.

5

Ychwanegwch y picl a'r *mayonnaise*. Cymysgwch y cwbl

6

Taenwch y gymysgedd yn dew ar bedair tafell o'r bara.

7

Rhowch ddeilen letys ar ben y tiwna, a thafell arall o fara ar ei phen.

8

⚠️ Rhowch frechdan ar y bwrdd torri. Torrwch hi yn ei hanner yn ofalus.

Salad y pentref
Χωριάτικη

Mae salad yn fwyd digon cyffredin. Dyma salad arbennig o wlad Groeg. Mae caws feta gwlad Groeg yn hyfryd mewn salad.

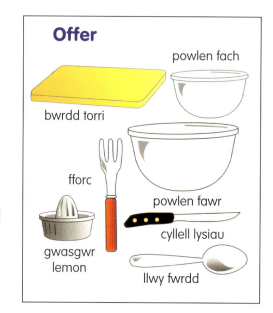

Offer

powlen fach

bwrdd torri

fforc

powlen fawr

cyllell lysiau

gwasgwr lemon

llwy fwrdd

Digon i 4 - 6

Cynhwysion

pinsiad o halen

1 pupur gwyrdd

8 olif ddu (heb gerrig)

112g caws feta

sudd ½ lemon

2 lwy fwrdd o olew olewydd

1 nionyn/ winwnsyn wedi ei dorri'n fân

4 tomato

½ letys ffres

Dull

1

Golchwch eich dwylo. Rhowch yr olew, y sudd lemon a'r halen yn y bowlen fach. Cymysgwch nhw â'r fforc.

2

Golchwch y pupur gwyrdd. Rhowch y pupur ar y bwrdd torri, a thorrwch y top â chyllell.

3

Tynnwch yr hadau a'r darnau gwyn o'r pupur â'ch bysedd. Torrwch y pupur yn gylchoedd. Rhowch y cylchoedd yn y bowlen fawr.

4

Golchwch y letys a'r tomatos (gweler tudalen 3). Yna torrwch nhw'n fân. Rhowch y letys a'r tomatos yn y bowlen fawr.

5

Rhowch y darnau pupur a nionyn/winwnsyn hefyd yn y bowlen. Tywalltwch yr olew a'r sudd lemon i'r bowlen.

6

Defnyddiwch y llwy a'r fforc i gymysgu'r salad gyda'r olew a'r sudd lemon.

7

Torrwch y caws yn ddarnau sgwâr. Rhowch y darnau caws yn y salad.

8

Peidiwch â malu'r caws wrth ei gymysgu â'r salad. Ychwanegwch yr olifau.

Bureccas

Trionglau crwst yn llawn o gaws ydy bureccas. Maen nhw'n hawdd eu gwneud. Defnyddiwch y crwst pwff parod sydd ar gael yn y siopau. Bwytewch y bureccas yn boeth — blasus iawn! Gwyliwch rhag llosgi'ch tafod!

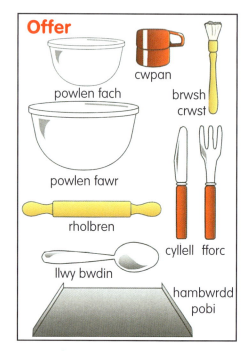

Offer

powlen fach

cwpan

brwsh crwst

powlen fawr

rholbren

llwy bwdin

cyllell fforc

hambwrdd pobi

Digon i 6

2 wy

Cynhwysion

100g o gaws feta

50g o gaws wedi'i ratio (gweler tudalen 2)

blawd ar gyfer rholio'r toes

500g crwst pwff

100g o gaws hufen hanner braster

pinsiad o bupur

hadau sesame neu hadau pabi

Dull

1

Trowch y popty/ffwrn ymlaen ar wres 200⁰C/400⁰F.

2

Torrwch yr wyau. Rhowch y ddau wynwy yn y bowlen fach. Rhowch y ddau felynwy yn y bowlen fawr.

3

Ychwanegwch y tri gwahanol fath o gaws ac ychydig o bupur at y melynwy.

4

Torrwch y feta â fforc. Fforciwch y caws hufen i gael gwared o'r lympiau sydd ynddo.

5

Rhowch ychydig o flawd ar eich bwrdd gweithio. Rholiwch y crwst nes ei fod yn mesur 36 cm x 24 cm. Torrwch y crwst yn 6 sgwâr.

6

Rhowch lond llwy bwdin o'r gymysgedd ar bob sgwâr.

7

Rhowch ychydig o ddŵr ar ddau ymyl pob sgwâr. Plygwch y crwst i wneud triongl. Pwyswch ar yr ymylon i gau'r triongl.

8

Gwnewch hyn gyda'r 6 sgwâr. Irwch y tun pobi. Rhowch y 6 triongl ar y tun pobi. Brwsiwch gyda gwynwy.

9

Rhowch hadau arnynt. Craswch nhw am 25 munud nes eu bod nhw'n frown golau. Defnyddiwch fenyg popty.

Reis ac wy wedi eu ffrio

蛋治炒飯

Reis ydy prif fwyd llawer o wledydd. Mae sawl math gwahanol o reis. Gallwch roi pob math o gynhwysion gyda reis i wneud pryd blasus. Beth am y rysáit hon?

Offer

powlen fach

cwpan

padell ffrio

fforc

llwy fwrdd

llwy bren

llwy de

Digon i 4 - 6

Cynhwysion

3 cwpan o reis wedi'i ferwi (gweler tudalen 3)

pinsiad o halen

pinsiad o bupur

pinsiad o siwgr

2 wy

2 lwy fwrdd o saws soya golau

1 llwy fwrdd o olew coginio

cwpanaid o bys wedi'u coginio

1 nionyn/winwnsyn wedi'i dorri'n fân

Dull

1

Torrwch yr wyau i'r bowlen.

2

Curwch yr wyau â fforc.

3

Rhowch y badell ffrio ar y stôf ar wres canolig. Rhowch yr olew yn y badell a gadewch iddo boethi (ond dim gormod!).

4

Rhowch y nionyn/winwnsyn yn y badell. Trowch y nionyn/winwnsyn â'r llwy bren nes ei fod yn edrych yn dryloyw. Byddwch yn ofalus.

5

Ychwanegwch y reis a'r pys. Trowch nhw nes eu bod nhw'n boeth.

6

Rhowch y saws soya, y siwgr, yr halen a'r pupur i mewn. Daliwch i droi am ychydig eto.

7

Ychwanegwch yr wyau. Trowch y cyfan am 2-3 munud. Mae'r bwyd yn barod!

Peli Cig
Köfte

Mae'r rhain fel byrgers bach. Yng ngwlad Twrci mae gan bawb ei hoff siâp. Ydych chi am ddewis siâp arbennig i'ch peli cig chi? Dydy pobl Twrci ddim yn rhoi pupur a halen ond cewch chi roi peth.

Offer

fforc
llwy de
cwpan
llwy bwdin
llwy fwrdd
padell ffrio
spatiwla
powlen gymysgu fawr

Cwmin
1 llwy de

1 llwy fwrdd o olew coginio

Digon i 9

Cynhwysion

cwpanaid o friwsion bara
(gweler tudalen 2)

1 nionyn/winwnsyn canolig
wedi ei falu'n fân

1 wy

2 lwy fwrdd o bersli wedi ei falu'n fân

225g briwgig eidion

Dull

❶ Rhowch bopeth ond yr olew coginio yn y bowlen gymysgu.

❷ Cymysgwch y cyfan â fforc.

❸ Pan fydd popeth wedi dod at ei gilydd gallwch ei wasgu'n bêl â'ch dwylo.

❹ Rhannwch y gymysgedd yn ddarnau bach. Dylai un darn fod tua maint pêl ping-pong.

❺ Gwasgwch ar y peli bach i'w gwneud yn fflat. Yna gwnewch nhw'n grwn neu'n siâp selsig neu'n unrhyw siâp arall.

❻ Rhowch y badell ffrio ar wres canolig. ⚠ Rhowch yr olew yn y badell a gadael iddo boethi.

❼ Defnyddiwch y spatiwla i roi'r peli yn y badell. Byddwch yn ⚠ ofalus rhag i'r olew poeth dasgu o'r badell.

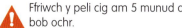

❽ ⚠ Ffriwch y peli cig am 5 munud ar bob ochr.

Bananas gwyrdd

Matoke

Rydw i wedi gweld bananas gwyrdd yn aml mewn marchnad, ond doeddwn i ddim wedi eu bwyta tan yn ddiweddar. Mae pobl Uganda yn bwyta bananas wedi eu berwi bron bob dydd. Weithiau maen nhw'n rhoi tomato a nionyn/winwnsyn gyda nhw, fel sydd yma. Weithiau maen nhw'n roi saws cnau daear (*peanut sauce*) arnyn nhw.

Digon i 4 - 6

Cynhwysion

Offer

cyllell gegin

bwrdd torri

sosban

jwg fesur

hidl

powlen fawr

5 - 6 o fananas gwyrdd

2 - 3 tomato

1 winwnsyn/nionyn wedi'i dorri'n fân

pinsiad o halen

Dull

① Torrwch ar hyd ochr hir pob banana — byddwch yn ofalus! Torrwch y top i ffwrdd.

② Tynnwch groen y bananas.

③ Torrwch y bananas yn sleisys trwchus.

④ Torrwch bob tomato yn wyth darn.

⑤ Rhowch tua 300ml o ddŵr yn y sosban. Rhowch binsiad o halen yn y dŵr.

⑥ Rhowch y bananas, y tomatos a'r nionyn/winwnsyn yn y dŵr.

⑦ Gadewch i'r dŵr ddechrau berwi (bydd y dŵr yn dechrau ffrwtian).

⑧ Gadewch i'r bwyd ferwi'n araf bach i'w goginio'n feddal.

⑨ Daliwch yr hidl uwchben y sinc. Tywalltwch y cyfan i'r hidlwr a draeniwch y dŵr. Bwytewch y bananas yn boeth.

Bara Bangladesh

Dydy'r bara hwn ddim yn cymryd llawer o amser i'w wneud. Mae'n hawdd ac yn hwyl — ond bydd yn glynu wrth eich bysedd! Gallwch fwyta'r bara amser te gyda menyn a jam neu fêl.

Digon i 6

Cynhwysion

Offer

fforc

jwg fesur

powlen fach

llwy de

powlen fawr

llwy fwrdd

llwy bren

hambwrdd pobi

2 wy

1½ llwy fwrdd o siwgr mân

300ml o laeth

1 llwy de o hadau pabi

600g o flawd codi

1 llwy de o bowdr codi

Dull

1 Trowch y popty/ffwrn ymlaen ar wres 175°C / 350°F.

2 Torrwch yr wyau i mewn i'r bowlen fach. Curwch yr wyau yn ysgafn â fforc.

3 Ychwanegwch y llaeth, y siwgr a'r hadau i'r bowlen gyda'r wyau. Cymysgwch y cwbl gyda'i gilydd.

4 Rhowch y blawd a'r powdr codi yn y bowlen fawr. Cymysgwch nhw â'r llwy bren.

5 Rhowch y llaeth a'r wyau yn y blawd ychydig ar y tro. Daliwch i gymysgu.

6 Rhowch flawd ar eich dwylo a chymysgwch â'ch dwylo.

7 Cymysgwch nes bod y toes yn llyfn a hawdd ei drin. Rhannwch y toes yn 6 darn â'ch dwylo.

8 Rholiwch bob darn yn bêl. Yna gwasgwch ar bob un nes ei fod fel crempog tua 1 cm o drwch.

9 Rhowch y bara ar y hambwrdd pobi. Pobwch y bara am tua 15 munud.

Salad ffrwythau'r Caribî

Gallwch brynu pob math o ffrwythau egsotig a gwahanol yng Nghymru. Mae ffrwythau egsotig yn gallu bod yn ddrud, felly salad ffrwythau ar gyfer achlysur arbennig yn unig fydd hwn.

Digon i 6

Cynhwysion

Offer

powlen fawr
gwasgwr lemon
llwy bwdin
piliwr
llwy fwrdd
cyllell gegin
bwrdd torri

1 papaya

2 mango aeddfed

4 afal bwyta

2 grawnffrwyth p

1 llwy fwrdd o siwgr brown meddal

Dull

❶

Golchwch y ffrwythau.

❷

⚠ Tynnwch groen y mango. Torrwch y ffrwyth oddi ar y garreg.

❸

Tynnwch groen y papaya. Torrwch y papaya yn ei hanner. Tynnwch yr hadau a'r darnau gwyn allan â ⚠ llwy.

❹

⚠ Torrwch bob afal yn bedwar darn. Tynnwch ganol yr afalau â chyllell.

❺

⚠ Tynnwch groen un grawnffrwyth. Torrwch yn ddarnau. Torrwch y darnau gwyn i ffwrdd.

❻

⚠ Torrwch y ffrwythau i gyd yn ddarnau hawdd eu bwyta. Rhowch y cwbl yn y bowlen.

❼

Cymysgwch y ffrwythau.

❽

⚠ Torrwch y grawnffrwyth arall yn ei hanner. Gwasgwch y sudd allan a'i roi ar y ffrwythau.

❾

Rhowch y siwgr ar y ffrwythau. Cymysgwch y cwbl. Rhowch y bowlen mewn lle oer am 2 neu 3 awr.

Lassi

लस्सी

Dyma ddiod ardderchog am dorri syched. Mae'n hyfryd gyda bwyd poeth fel cyri. Lassi melys ydy hwn, ond gallwch roi halen ynddo yn lle siwgr os mynnwch.

Digon i 6

Cynhwysion

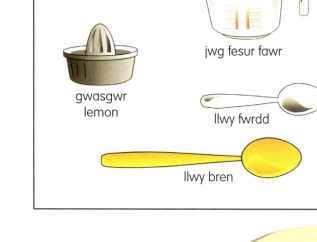

Offer

jwg fesur fawr

gwasgwr lemon

llwy fwrdd

llwy bren

50g siwgr mân

sudd 1 lemon

pinsiad o saffron

1 litr o ddŵr

300ml iogwrt naturiol

talpiau o rew

Dull

❶ Rhowch yr iogwrt yn y jwg.

❷ Curwch yr iogwrt yn dda â'r llwy bren.

❸ Ychwanegwch y dŵr a'r siwgr at yr iogwrt.

❹ Trowch y cyfan â'r llwy bren nes bod y siwgr wedi mynd. Mae hynny'n dweud bod y siwgr wedi hydoddi.

❺ Ychwanegwch y saffron a'r sudd lemon. Trowch y cyfan eto.

❻ Tywalltwch y Lassi yn ofalus i wydrau.

❼ Rhowch dalp o rew ym mhob gwydr.

Ychwanegu: Rhoi rhai cynhwysion i mewn gyda rhai eraill.

Pobi: Coginio bwyd yn y popty/ffwrn. Gair arall ydy crasu.

Curo: Curo neu droi'r bwyd yn galed â fforc, chwisg neu lwy bren.

Berwi: Mae'r hylif yn berwi pan fydd yn dechrau byblo.

Brwshio: Rhoi'r brwsh mewn hylif a brwshio'r crwst neu unrhyw beth arall.

Torri'n fân: Yma byddwch yn torri'r bwyd yn ddarnau bach.

Torri: Defnyddiwch gyllell. Cymerwch ofal. Cadwch eich bysedd oddi wrth y llafn.

Hydoddi: Hydoddi yw lle y mae solidau yn cymysgu â hylifau.

Hidlo: Rhoi 'r cynhwysion mewn hidlydd a gadael i'r dŵr lifo i ffwrdd.

Ffrwythau a Llysiau: Fel arfer, y darn meddal heb groen na charreg sy'n cael ei fwyta.

Plygu: Gallwch blygu crwst fel plygu papur. Gall y gair hefyd olygu cymysgu cynhwysion yn ysgafn.

Iro: Rhoi olew neu fenyn ar y tun pobi. Mae hyn yn cadw'r bwyd rhag glynu wrth y tun.

Cymysgu: Gellwch ddefnyddio llwy neu fforc neu hyd yn oed eich dwylo.

Tynnu'r croen: Defnyddio piliwr neu gyllell finiog i dynnu'r croen.

Pinsiad: Cymaint ag y gellwch ei godi rhwng bys a bawd.

Bywyn: Bywyn yw'r rhan o'r ffrwyth sydd rhwng y croen a'r ffrwyth ei hun. Mae'n wyn.

Tywallt: Rhoi hylif o jwg i mewn i rywbeth arall. Mae'n well defnyddio jwg rhag colli dim o'r hylif.

Rholio: Rhowch ychydig o flawd ar hyd y bwrdd cyn rholio crwst rhag i'r crwst lynu wrth y bwrdd.

Sgwpio: Tynnu'r tu mewn allan o rywbeth gyda llwy.

Sleisio: Torri rhywbeth yn sleisys tew neu denau.

Gwasgu: Gellwch wasgu'r sudd allan o ffrwyth trwy ddefnyddio'ch dwylo neu wasgwr sudd.

Fforcio: Dyma air am gymysgu'r bwyd â'r fforc nes bydd yn feddal.

Taenu: Defnyddiwch gyllell fwrdd neu spatiwla.

Troi: Cymysgu rhywbeth â llwy. Mae'n well defnyddio llwy bren i droi rhywbeth poeth. Bydd honno'n aros yn oer.

Golchi: Rhwbio ffrwythau neu lysiau yn ysgafn â'ch bysedd dan y tap dŵr oer.